Coloriage

Les Légumes

AF596076

Carotte

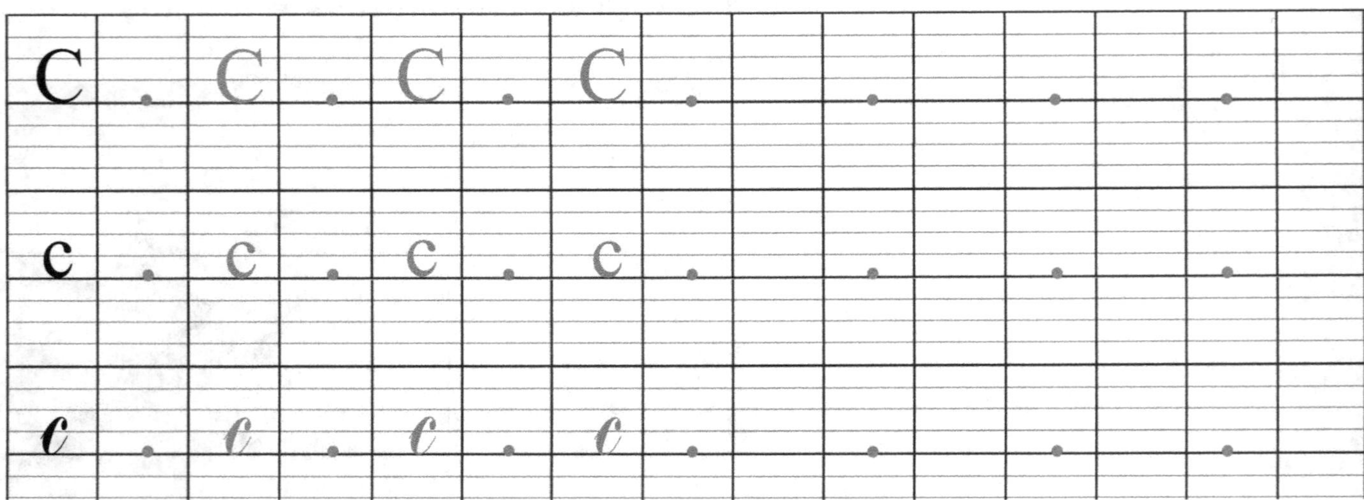

3

Carotte

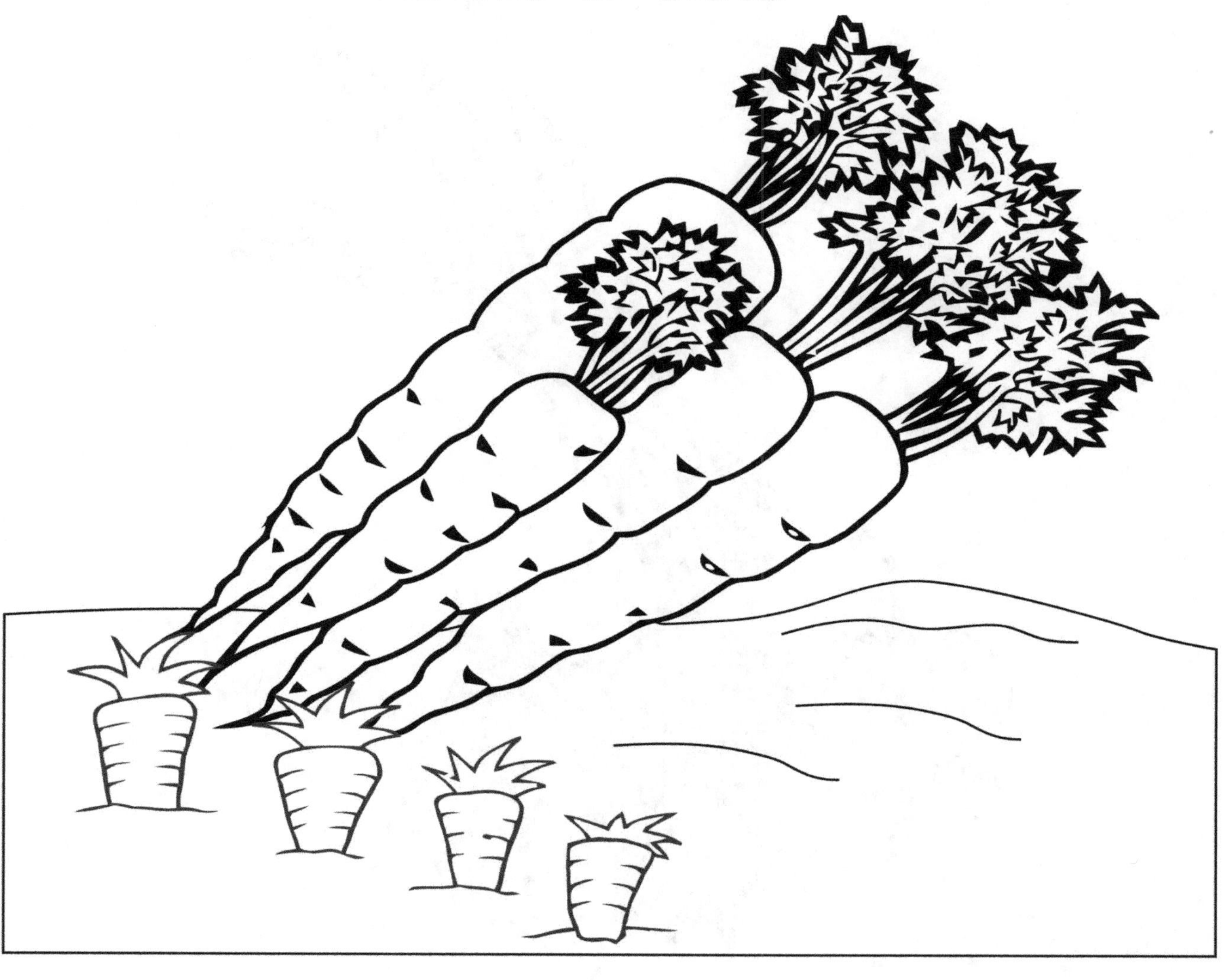

C	C	C	C										
c	c	c	c										
c	*c*	*c*	*c*										

Oignon

O . O . O . O

o . o . o . o

o . *o* . *o* . *o*

5

Oignon

O	O	O	O											
o	o	o	o											
o	*o*	*o*	*o*											

Pois

P	P	P	P				
p	p	p	p				
p	*p*	*p*	*p*				

7

Pois

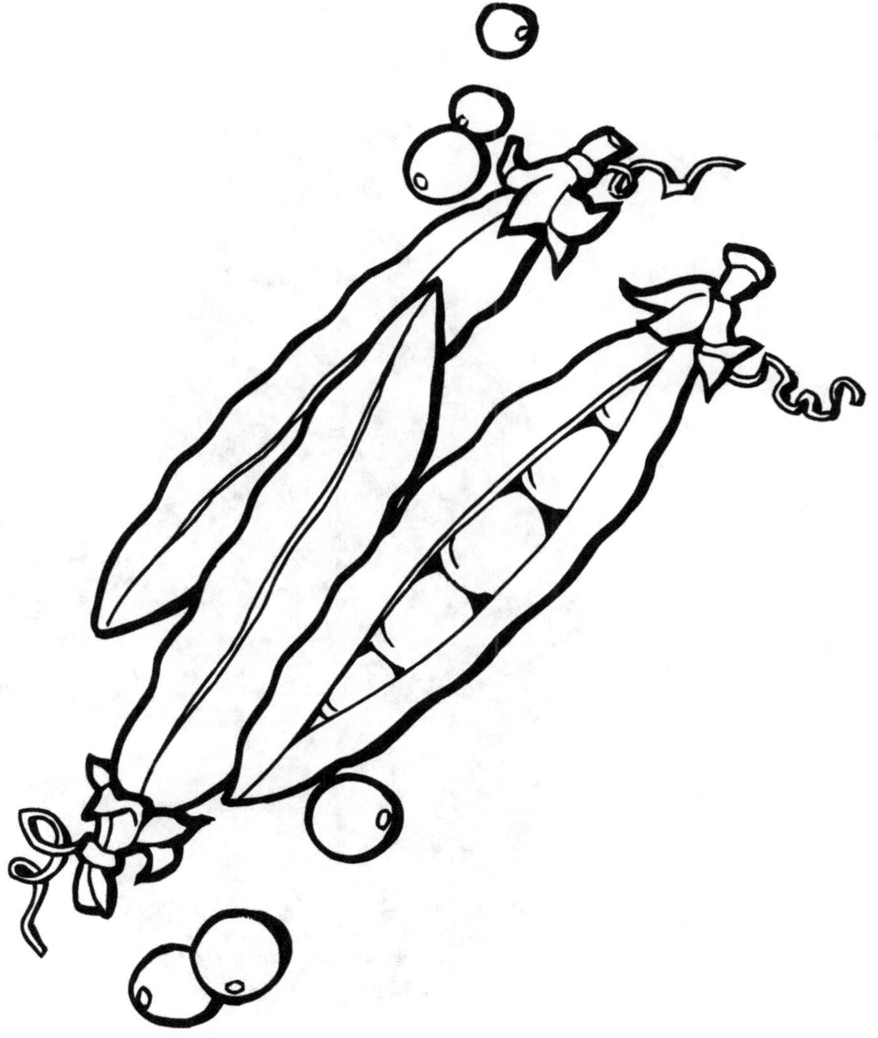

P	.	P	.	P	.	P	.		.		.		.
p	.	p	.	p	.	p	.		.		.		.
p	.	*p*	.	*p*	.	*p*	.		.		.		.

Aubergine

A	A	A	A				
a	a	a	a				
a	*a*	*a*	*a*				

9

Aubergine

A	.	A	.	A	.	A	.		.		.		.	
a	.	a	.	a	.	a	.		.		.		.	
a	.	*a*	.	*a*	.	*a*	.		.		.		.	

Citrouille

C	C	C	C				
c	c	c	c				
c	*c*	*c*	*c*				

Citrouille

C C C C

c c c c

c c c c

Courgette

C		C		C		C								
c		c		c		c								
c		*c*		*c*		*c*								

Courgette

C C C C

c c c c

c c c c

Poivron

P	P	P	P				
p	p	p	p				
p	*p*	*p*	*p*				

Poivron

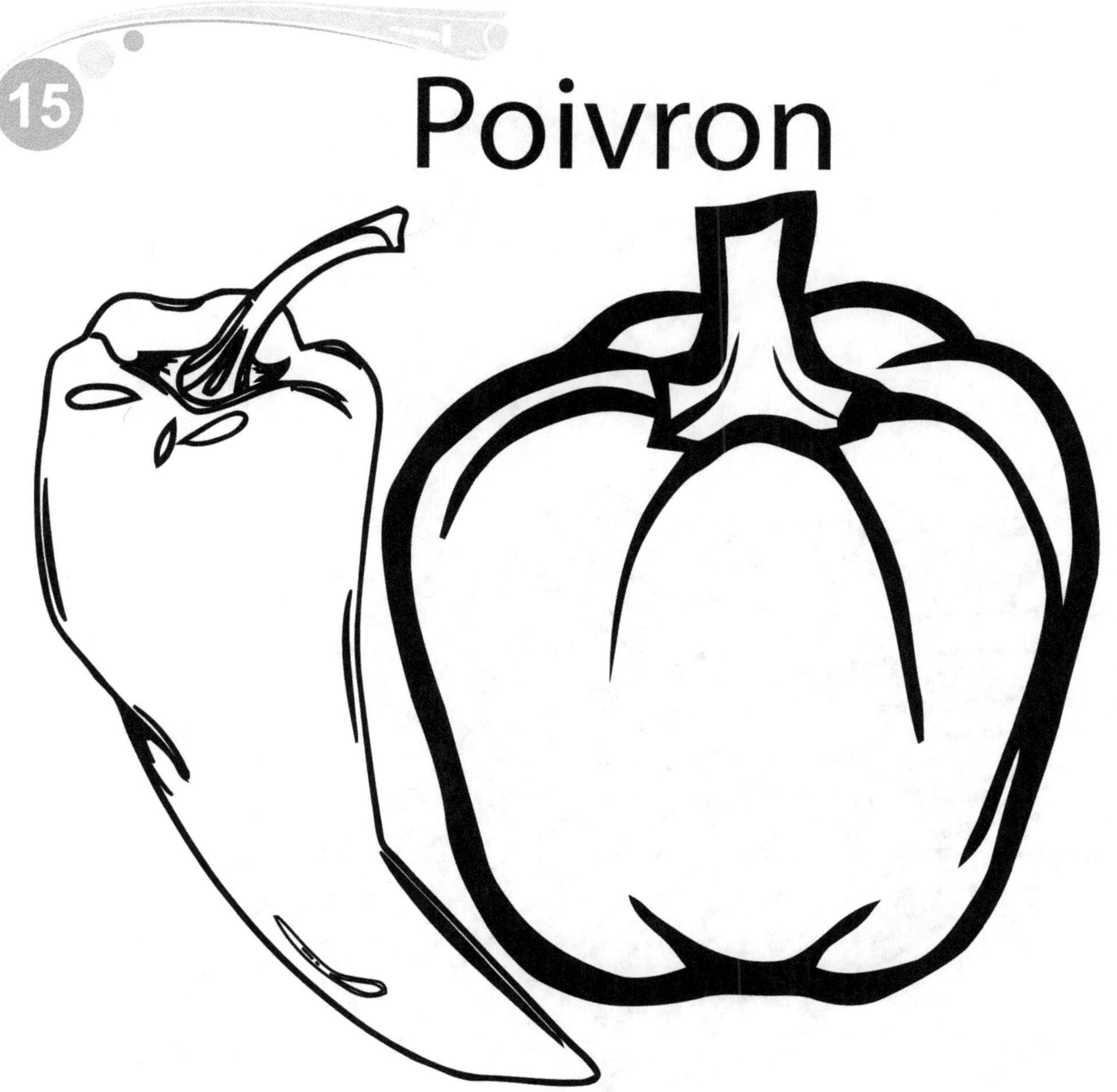

P	P	P	P				
p	p	p	p				
p	*p*	*p*	*p*				

Coloriage

Les Fruits

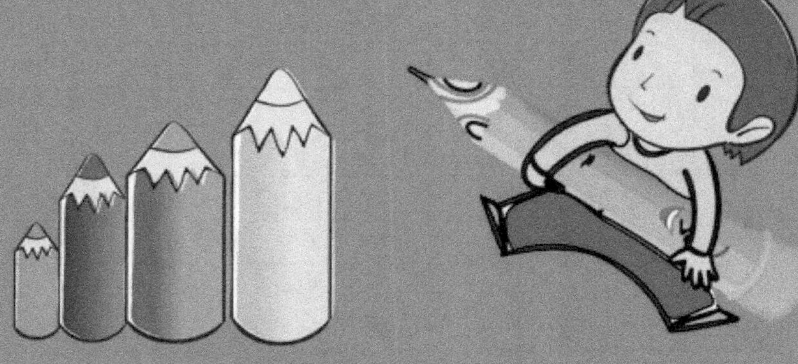

Citron

C C C C

c c c c

c c c c

3

Citron

C C C C

c c c c

c *c* *c* *c*

Banane

B B B B

b b b b

𝒷 𝒷 𝒷 𝒷

5

Banane

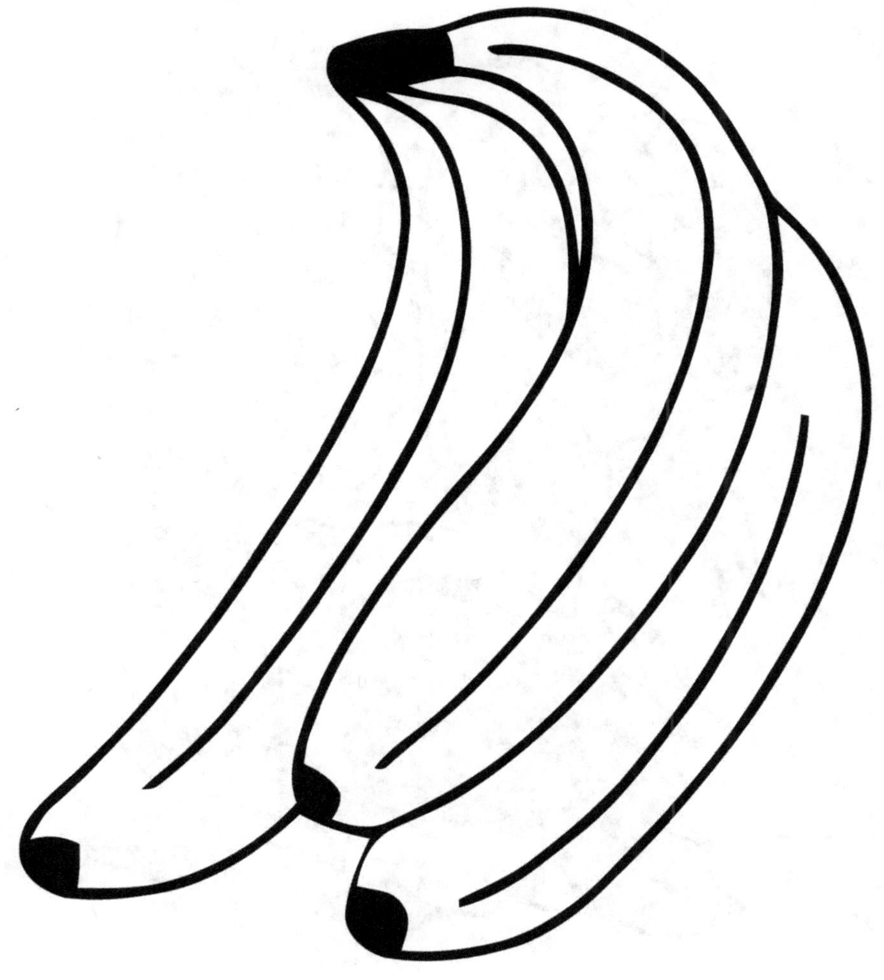

B	B	B	B
b	b	b	b
b	*b*	*b*	*b*

Fraise

F	F	F	F				
f	f	f	f				
f	*f*	*f*	*f*				

7

Fraise

F	F	F	F				
f	f	f	f				
f	*f*	*f*	*f*				

Orange

O	O	O	O				
o	o	o	o				
o	*o*	*o*	*o*				

9

Orange

O O O O

o o o o

o *o* *o* *o*

Pastèque Rouge

P	P	P	P											
p	p	p	p											
p	*p*	*p*	*p*											

11

Pastèque Rouge

P	.	P	.	P	.	P	.		.		.		.	
p	.	p	.	p	.	p	.		.		.		.	
p	.	*p*	.	*p*	.	*p*	.		.		.		.	

Raisin

R	R	R	R											
r	r	r	r											
r	*r*	*r*	*r*											

13

Raisin

R	.	R	.	R	.	R	.		.		.		.	
r	.	r	.	r	.	r	.		.		.		.	
r	.	*r*	.	*r*	.	*r*	.		.		.		.	

Kiwi

K	K	K	K				
k	k	k	k				
k	*k*	*k*	*k*				

15

Kiwi

K K K K

k k k k

k k k k

www.ingramcontent.com/pod-product-compliance
Lightning Source LLC
LaVergne TN
LVHW080819170826
845678LV00011B/2074